CE CARNET
appartient à

....

D'Estelle à Simone
La collection des déesses

Livres pratiques et carnets créatifs, la collection des déesses, imaginée par Estelle et Simone, est pour celles et ceux qui veulent s'inspirer de leurs trucs et astuces du quotidien et les tester avec bonheur.

Mode éthique, cuisine saine et écologique, DIY et surcyclage, bien-être et spiritualité, etc, c'est autant de choses que mère et fille, les rédactrices, partagent depuis plusieurs années via leur "blomag" D'Estelle à Simone, et aujourd'hui avec la collection des déesses. Et si leurs rubriques ont pris des noms de la mythologie grecque, ce n'est pas parce qu'elles sont mytho mais pour leur symbole de connexion entre le ciel et la terre.

Ce carnet de couture c'est un morceau d'elles, enfin surtout d'Estelle, styliste de profession, qui a toujours apprécié l'upcycling. Sur d'Estelle à Simone elle partage régulièrement ses bonnes idées, tutoriels et autres DIY pour revaloriser ce qui lui passe entre les mains.

Découvrez-en plus sur www.estellesimone.fr

SOMMAIRE

MES MENSURATIONS

Les mesures sont à prendre avec un mètre ruban et si possible en sous-vêtements pour avoir un resultat précis.

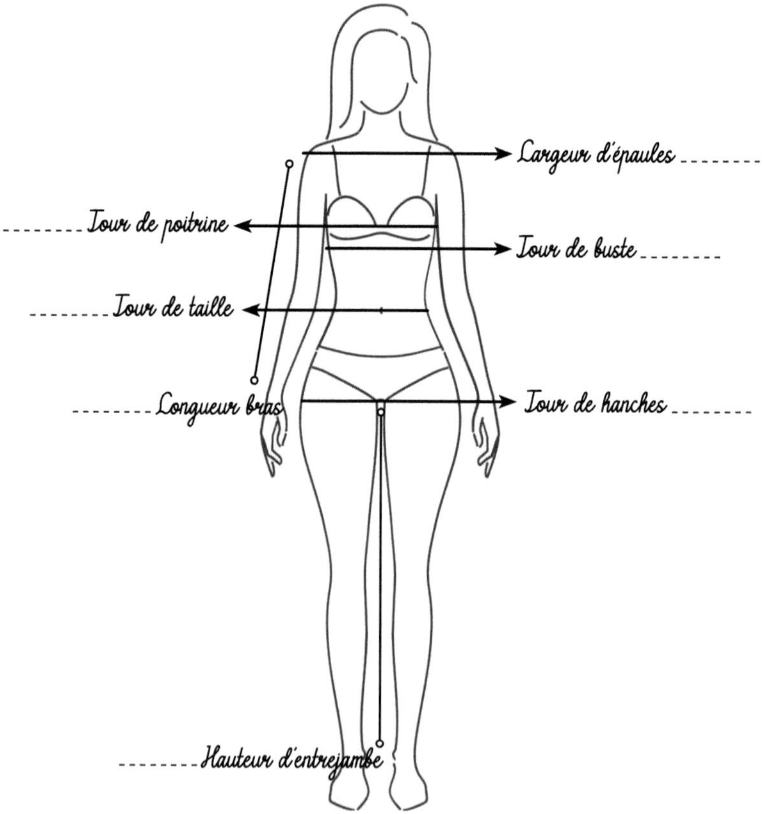

Largeur d'épaules

Tour de poitrine

Tour de buste

Tour de taille

Longueur bras

Tour de hanches

Hauteur d'entrejambe

QUELQUES ASTUCES
pour bien démarrer son ouvrage

Si vous utilisez un patron tout fait il vous sera sûrement livré avec toutes les lignes de taille sur le même fichier. Afin d'éviter les erreurs, pensez à surligner la ligne de taille qui vous correspond avant de le découper. C'est, certes, quelques minutes de perdues au départ mais elles pourraient se transformer en plusieurs heures si vous avez découpé la mauvaise taille !

Si vous dessinez vos pièces à même le tissu, sachez qu'un morceau de savon blanc remplace parfaitement une craie à textile. Et sur les tissus clairs vous pouvez utiliser un stylo de type Frixion qui s'efface à la chaleur. Attention cependant à ne pas en abuser, l'encre peut réapparaître avec le froid. Dans tous les cas, savon et craie partent bien au lavage !

Pour faciliter la découpe du patron et éviter la longue étape d'épinglage, commencez à mettre de côté votre petite monnaie. Les pièces rouges, qui trainent dans les vides-poches, feront de parfaits poids pour maintenir le patronage en place sur le tissu pour le découpage.

L'UPCYCLING
couture créative et responsable

Rien ne se jette, tout se garde et se transforme ! On pourrait totalement prendre cet adage comme définition de l'upcycling, ou surcyclage en français. Cette pratique, qui veut littéralement dire « recycler par le haut », consiste à valoriser des matières et/ou produits dont on n'a plus l'usage pour créer de nouvelles choses.

Si le concept n'est pas récent (nos grands-mères n'ont pas attendu notre époque pour réutiliser des chutes de tissus) l'upcycling est depuis quelques années devenu très tendance. On ne peut que s'en réjouir. Alors pourquoi ne pas vous y mettre également ? D'autant plus que les projets de surcyclage sont idéaux pour commencer la couture.

Quelques idées d'upcycling avec ce qui se trouve dans vos placards :

Des chutes de tissus : l'indétrônable chouchou est l'un des projets de couture les plus facile à réaliser pour commencer car il ne nécessite pas de finitions parfaites. *Comptez une bande de 50 cm par 20 cm et 12 cm de large.*

L'UPCYCLING
couture créative et responsable

Du tissu d'ameublement : rideaux troués, nappes, tâchées, housses de coussins abîmées, etc, pas question de les jeter ! Avec ces tissus solides vous pouvez facilement réaliser des totes bags résistants ou encore des pochettes de protection pour livres.
Comptez deux carrés de 40 cm de côté et deux bandes de 70 cm par 5 cm pour un tote bag.

Des t-shirts en jersey : le tissu de vos anciens t-shirts étant extensible il est idéal pour réaliser des bandeaux sans élastique pour les cheveux.
Comptez une bande de la longueur de votre tour de tête moins 6 cm et de 14 cm de largeur.

Des serviettes éponges : ils sont les rois de la salle de bain zéro déchet, j'ai nommé les cotons réutilisables. Avant de vous débarrasser de votre ancien linge de toilette, transformez-le en un rien de temps.
Comptez deux carrés de 10 cm par 10 cm.

Des draps : *en un coup de ciseaux et un ourlet sur les bords, vous obtenez de nouveaux torchons pour la cuisine !*

Mes réalisations de couture
Comment ça marche ?

Dans les pages suivantes, consignez toutes vos réalisations de couture. Utilisez-les fiches dès le commencement de votre ouvrage pour noter toutes les informations nécessaires : fournitures, métrage de tissu, dessins techniques, etc. Suivez l'avancement de votre projet en y ajoutant des notes tout au long du processus. Pensez à enregistrer vos fiches dans votre table des matières !

À la fin de chaque réalisation, vous aurez un aperçu du temps passé sur votre ouvrage et toutes les informations nécessaires pour le reproduire si vous le souhaitez.

MES RÉALISATIONS
de couture

Ma bibliothèque de projets

Coloriez la légende avec les couleurs de votre choix puis
enregistrez vos projets dans la table des matières.

Vestes & manteaux	Pantalons & shorts	Chemises & blouses	Robes & jupes	Sacs & trousses	Autres
⬭	⬭	⬭	⬭	⬭	⬭

Nom du projet/réalisation	Page	Catégorie
....	....	⬭
....	....	⬭
....	....	⬭
....	....	⬭
....	....	⬭
....	....	⬭
....	....	⬭
....	....	⬭
....	....	⬭

Nom du projet/réalisation	Page	Catégorie
....	....	⬭
....	....	⬭
....	....	⬭
....	....	⬭
....	....	⬭
....	....	⬭
....	....	⬭
....	....	⬭
....	....	⬭
....	....	⬭
....	....	⬭
....	....	⬭
....	....	⬭
....	....	⬭
....	....	⬭

Nom du projet/réalisation	Page	Catégorie
....	....	
....	....	
....	....	
....	....	
....	....	
....	....	
....	....	
....	....	
....	....	
....	....	
....	....	
....	....	
....	....	
....	....	
....	....	

Nom du projet/réalisation   Page   Catégorie

....   ⬭

....   ⬭

....   ⬭

....   ⬭

....   ⬭

....   ⬭

....   ⬭

....   ⬭

....   ⬭

....   ⬭

....   ⬭

....   ⬭

....   ⬭

....   ⬭

....   ⬭

Projet :

Date de début :

Date de fin :

Difficulté :

✂ ✂ ✂ ✂ ✂

Métrage de tissu nécéssaire :

Echantillon tissu principal

Autres fournitures :

Notes : ....
....
....
....
....
....
....
....
....
....
....
....

Temps total de réalisation :

Croquis et dessins techniques

Projet :

Date de début :

Date de fin :

Difficulté :

✂ ✂ ✂ ✂ ✂

Métrage de tissu nécéssaire :

Echantillon tissu principal

Autres fournitures :

Notes : ....
....
....
....
....
....
....
....
....
....
....
....
....

Temps total de réalisation :

Croquis et dessins techniques

Projet :

Date de début :

Date de fin :

Difficulté :

Métrage de tissu nécéssaire :

Echantillon tissu principal

Autres fournitures :

Notes : ....
....
....
....
....
....
....
....
....
....
....
....

Temps total de réalisation :

Croquis et dessins techniques

Projet :

Date de début :

Date de fin :

Difficulté :

Métrage de tissu nécéssaire :

Echantillon tissu principal

Autres fournitures :

Notes : ....
....
....
....
....
....
....
....
....
....
....
....
....

Temps total de réalisation :

Croquis et dessins techniques

Projet :

Date de début :

Date de fin :

Difficulté :

✂ ✂ ✂ ✂ ✂

Métrage de tissu néccéssaire :

Echantillon tissu principal

Autres fournitures :

Notes : ....
....
....
....
....
....
....
....
....
....
....
....
....

Temps total de réalisation :

Croquis et dessins techniques

Projet :

Date de début :

Date de fin :

Difficulté :

Métrage de tissu néccessaire :

Echantillon tissu principal

Autres fournitures :

Notes : ....
....
....
....
....
....
....
....
....
....
....
....
....
....

Temps total de réalisation :

Croquis et dessins techniques

Projet :

Date de début :

Date de fin :

Difficulté :

Métrage de tissu nécéssaire :

Echantillon tissu principal

Autres fournitures :

Notes : ....
....
....
....
....
....
....
....
....
....
....
....
....

Temps total de réalisation :

Croquis et dessins techniques

27

Projet :

Date de début :

Date de fin :

Difficulté :

Métrage de tissu nécéssaire :

Echantillon tissu principal

Autres fournitures :

Notes : ....
....
....
....
....
....
....
....
....
....
....
....
....
....

Temps total de réalisation :

Croquis et dessins techniques

29

Projet :

Date de début :

Date de fin :

Difficulté :

✂ ✂ ✂ ✂ ✂

Métrage de tissu nécéssaire :

Echantillon tissu principal

Autres fournitures :

Notes : ....
....
....
....
....
....
....
....
....
....
....
....
....
....

Temps total de réalisation :

Croquis et dessins techniques

Projet :

Date de début :

Date de fin :

Difficulté :

Métrage de tissu néccéssaire :

Echantillon tissu principal

Autres fournitures :

Notes : ....
....
....
....
....
....
....
....
....
....
....
....
....

Temps total de réalisation :

Croquis et dessins techniques

33

Projet :

Date de début :

Date de fin :

Difficulté :

Métrage de tissu nécéssaire :

Echantillon tissu principal

Autres fournitures :

Notes : ....
....
....
....
....
....
....
....
....
....
....
....
....
....

Temps total de réalisation :

Croquis et dessins techniques

Projet :

Date de début :

Date de fin :

Difficulté :

🦋 🦋 🦋 🦋 🦋

Métrage de tissu nécessaire :

Echantillon tissu principal

Autres fournitures :

Notes : ....
....
....
....
....
....
....
....
....
....
....
....
....

Temps total de réalisation :

Croquis et dessins techniques

Projet :

Date de début :

Date de fin :

Difficulté :

Métrage de tissu nécessaire :

Echantillon tissu principal

Autres fournitures :

Notes : ....
....
....
....
....
....
....
....
....
....
....
....
....

Temps total de réalisation :

Croquis et dessins techniques

39

Projet :

Date de début :

Date de fin :

Difficulté :

X X X X X

Métrage de tissu nécéssaire :

Echantillon tissu principal

Autres fournitures :

Notes : ....
....
....
....
....
....
....
....
....
....
....
....
....

Temps total de réalisation :

Croquis et dessins techniques

Projet :

Date de début :

Date de fin :

Difficulté :

Métrage de tissu nécéssaire :

Echantillon tissu principal

Autres fournitures :

Notes : ....
....
....
....
....
....
....
....
....
....
....
....
....

Temps total de réalisation :

Croquis et dessins techniques

Projet :

Date de début :

Date de fin :

Difficulté :

✂ ✂ ✂ ✂ ✂

Métrage de tissu nécéssaire :

Echantillon tissu principal

Autres fournitures :

Notes : ....
....
....
....
....
....
....
....
....
....
....
....
....

Temps total de réalisation :

Croquis et dessins techniques

Projet :

Date de début :

Date de fin :

Difficulté :

🗷 🗷 🗷 🗷 🗷

Métrage de tissu nécéssaire :

Echantillon tissu principal

Autres fournitures :

Notes : ....
....
....
....
....
....
....
....
....
....
....
....
....

Temps total de réalisation :

Croquis et dessins techniques

Projet :

Date de début :

Date de fin :

Difficulté :

Métrage de tissu nécéssaire :

Echantillon tissu principal

Autres fournitures :

Notes :

....

....

....

....

....

....

....

....

....

....

....

....

....

....

Temps total de réalisation :

Croquis et dessins techniques

Projet :

Date de début :

Date de fin :

Difficulté :

✂ ✂ ✂ ✂ ✂

Métrage de tissu nécessaire :

Echantillon tissu principal

Autres fournitures :

Notes : ....
....
....
....
....
....
....
....
....
....
....
....
....

Temps total de réalisation :

Croquis et dessins techniques

51

Projet :

Date de début :

Date de fin :

Difficulté :

Métrage de tissu nécéssaire :

Echantillon tissu principal

Autres fournitures :

Notes : ....
....
....
....
....
....
....
....
....
....
....
....
....

Temps total de réalisation :

Croquis et dessins techniques

Projet :

Date de début :

Date de fin :

Difficulté :

✂ ✂ ✂ ✂ ✂

Métrage de tissu nécessaire :

Echantillon tissu principal

Autres fournitures :

Notes : ....
....
....
....
....
....
....
....
....
....
....
....
....
....

Temps total de réalisation :

Croquis et dessins techniques

Projet :

Date de début :

Date de fin :

Difficulté :

Métrage de tissu nécessaire :

Echantillon tissu principal

Autres fournitures :

Notes : ....
....
....
....
....
....
....
....
....
....
....
....
....

Temps total de réalisation :

Croquis et dessins techniques

Projet :

Date de début :

Date de fin :

Difficulté :

Métrage de tissu nécéssaire :

Echantillon tissu principal

Autres fournitures :

Notes : ....
....
....
....
....
....
....
....
....
....
....
....

Temps total de réalisation :

Croquis et dessins techniques

59

Projet :

Date de début :

Date de fin :

Difficulté :

Métrage de tissu nécéssaire :

Echantillon tissu principal

Autres fournitures :

Notes :
....
....
....
....
....
....
....
....
....
....
....
....

Temps total de réalisation :

Croquis et dessins techniques

Projet :

Date de début :

Date de fin :

Difficulté :

✂ ✂ ✂ ✂ ✂

Métrage de tissu nécéssaire :

Echantillon tissu principal

Autres fournitures :

Notes : ....
....
....
....
....
....
....
....
....
....
....
....
....
....

Temps total de réalisation :

Croquis et dessins techniques

Projet :

Date de début :

Date de fin :

Difficulté :

Métrage de tissu nécéssaire :

Echantillon tissu principal

Autres fournitures :

Notes : ....
....
....
....
....
....
....
....
....
....
....
....
....

Temps total de réalisation :

Croquis et dessins techniques

Projet :

Date de début :

Date de fin :

Difficulté :

Métrage de tissu nécéssaire :

Echantillon tissu principal

Autres fournitures :

Notes : ....
....
....
....
....
....
....
....
....
....
....
....
....

Temps total de réalisation :

Croquis et dessins techniques

Projet :

Date de début :

Date de fin :

Difficulté :

✂ ✂ ✂ ✂ ✂

Métrage de tissu nécéssaire :

Echantillon tissu principal

Autres fournitures :

Notes : ....
....
....
....
....
....
....
....
....
....
....
....
....

Temps total de réalisation :

Croquis et dessins techniques

Projet :

Date de début :

Date de fin :

Difficulté :

Métrage de tissu nécéssaire :

Echantillon tissu principal

Autres fournitures :

Notes : ....
....
....
....
....
....
....
....
....
....
....
....
....

Temps total de réalisation :

Croquis et dessins techniques

71

Projet :

Date de début :

Date de fin :

Difficulté :

Métrage de tissu nécessaire :

Echantillon tissu principal

Autres fournitures :

Notes : ....
....
....
....
....
....
....
....
....
....
....
....
....

Temps total de réalisation :

Croquis et dessins techniques

Projet :

Date de début :

Date de fin :

Difficulté :

✂ ✂ ✂ ✂ ✂

Métrage de tissu nécéssaire :

Echantillon tissu principal

Autres fournitures :

Notes : ....
....
....
....
....
....
....
....
....
....
....
....
....

Temps total de réalisation :

Croquis et dessins techniques

Projet :

Date de début :

Date de fin :

Difficulté :

Métrage de tissu nécéssaire :

Echantillon tissu principal

Autres fournitures :

Notes : ....
....
....
....
....
....
....
....
....
....
....
....
....

Temps total de réalisation :

Croquis et dessins techniques

Projet :

Date de début :

Date de fin :

Difficulté :

Métrage de tissu nécessaire :

Echantillon tissu principal

Autres fournitures :

Notes : ....
....
....
....
....
....
....
....
....
....
....
....
....

Temps total de réalisation :

Croquis et dessins techniques

Projet :

Date de début :

Date de fin :

Difficulté :

X X X X X

Métrage de tissu nécéssaire :

Echantillon tissu principal

Autres fournitures :

Notes : ....
....
....
....
....
....
....
....
....
....
....
....
....

Temps total de réalisation :

Croquis et dessins techniques

Projet :

Date de début :

Date de fin :

Difficulté :

Métrage de tissu nécéssaire :

Echantillon tissu principal

Autres fournitures :

Notes : ....
....
....
....
....
....
....
....
....
....
....
....
....

Temps total de réalisation :

Croquis et dessins techniques

Projet :

Date de début :

Date de fin :

Difficulté :

Métrage de tissu nécéssaire :

Echantillon tissu principal

Autres fournitures :

Notes : ....
....
....
....
....
....
....
....
....
....
....
....

Temps total de réalisation :

Croquis et dessins techniques

Projet :

Date de début :

Date de fin :

Difficulté :

✂ ✂ ✂ ✂ ✂

Métrage de tissu nécéssaire :

Echantillon tissu principal

Autres fournitures :

Notes : ....
....
....
....
....
....
....
....
....
....
....
....

Temps total de réalisation :

Croquis et dessins techniques

Projet :

Date de début :

Date de fin :

Difficulté :

Métrage de tissu nécéssaire :

Echantillon tissu principal

Autres fournitures :

Notes : ....
....
....
....
....
....
....
....
....
....
....
....
....

Temps total de réalisation :

Croquis et dessins techniques

Projet :

Date de début :

Date de fin :

Difficulté :

✂ ✂ ✂ ✂ ✂

Métrage de tissu nécéssaire :

Echantillon tissu principal

Autres fournitures :

Notes : ....
....
....
....
....
....
....
....
....
....
....
....
....

Temps total de réalisation :

Croquis et dessins techniques

91

Projet :

Date de début :

Date de fin :

Difficulté :

Métrage de tissu nécéssaire :

Echantillon tissu principal

Autres fournitures :

Notes : ....
....
....
....
....
....
....
....
....
....
....
....
....

Temps total de réalisation :

Croquis et dessins techniques

93

Mes projets de couture
Comment ça marche ?

- - - - - -

Cette section « Projets de couture » de votre carnet est dédiée à vos inspirations et idées d'ouvrages. Utilisez ces pages pour dessiner, coller des images, lister des projets d'upcycling, etc, tout ce qui vous aide dans votre processus créatif de couture.

Comme un véritable styliste, consignez ici tout ce qui nourrira vos prochaines réalisations.

MES PROJETS
de couture

PROJETS À VENIR

inspirations, envies et idées

À ACHETER

_____

_____

_____

_____

_____

_____

_____

_____

_____

_____

_____

À ACHETER

Mon carnet de couture - La collection des déesses
©Juin 2024 - Maison Amédia Éditions | www.amedia-editions.fr
Textes et mise en page : ©Estelle Bertrand

Édition : BoD · Books on Demand GmbH, In de Tarpen 42,
22848 Norderstedt (Allemagne)
Impression : Libri Plureos GmbH, Friedensallee 273,
22763 Hamburg (Allemagne)
ISBN : 978-2-3225-4097-6
Dépôt légal : Octobre 2024

Ce carnet a été **imaginé et dessiné en France, alors pourquoi n'est-il pas également imprimé en France ? Pour éviter tout gaspillage, Amédia Éditions a opté pour l'impression à la demande et collabore avec la branche française de son partenaire Book on Demand. Actuellement, BoD n'a pas encore déployé son système d'impression en France, c'est pourquoi nos ouvrages sont imprimés en Allemagne.*